O melhor prato do mundo

Nada melhor do que um feijão temperadinho acompanhado de um arroz soltinho. Sempre que me perguntam qual o meu prato favorito, nem penso. Respondo na lata: arroz e feijão. Além do valor afetivo do arroz e feijão, na cozinha vegana, ele é a combinação perfeita para suprir as necessidades diárias de proteína e de muitos outros nutrientes.

Preto, branco, vermelho, azuqui, rajado ou fradinho, as variedades de feijões são muitas e as possibilidades de preparo infindáveis: feijoada, molho de feijão-branco, croquete, *homus* e até panqueca. Receitas supersaborosas para quem quer, vez ou outra, variar o clássico e delicioso arroz e feijão.

Além de 16 receitas veganas, das clássicas às mais inusitadas, neste livro, você vai ficar por dentro de todos os detalhes de cada variedade de feijão, como suas propriedades nutritivas e culinárias, e acompanhar sugestões de temperos para cada tipo de feijão.

Marco Clivati
Revista dos Vegetarianos

sumário

Introdução 6

Tudo o que você precisa saber sobre os feijões 8

Guia dos feijões 14

Homus **de feijão-fradinho** 18

Panqueca de feijão *moyashi* ... 20

Salsicha de feijão-branco 22

Bolinho de feijoada 24

Cassoulet **de feijão-branco** 26

Sopa de feijão-vermelho 28

Croquete de feijão 30

Panqueca de feijão *moyashi* com creme de castanhas 32

Feijão-azuqui com abóbora ... 34

Bolinhos de azuqui e cará 36

Baião de dois 38

Feijoada 40

Conchiglione* em caldo de feijão-branco e *tahine 42

Tostadas 44

Beetballs 46

Risoto Brasileirinho 48

feijões
na cozinha vegana

Rico em proteína e ferro, ele é essencial na alimentação de veganos e não veganos

introdução

Veganas ou não, pessoas inteligentes trocam carne por feijão. Os dois ingredientes são ricos em ferro e proteína, mas os feijões são mais vantajosos porque contêm fibras, carboidratos complexos, antioxidantes e minerais – ao contrário das carnes, que abundam em colesterol e gordura saturada. Por isso, qualquer tipo de feijão é, ou pelo menos deveria ser, um dos alimentos indispensáveis na alimentação de qualquer pessoa que preza pela boa saúde.

Essa composição nutricional dos feijões faz deles alimentos perfeitos para combater obesidade, câncer e problemas cardíacos. E as vantagens não terminam aí. Do ponto de vista gastronômico, as possibilidades são infinitas e vão além do clássico feijão com caldo tão adorado pelos brasileiros. Isso porque existe uma variedade enorme de feijões que podem ser usados para o preparo de hambúrgueres, almôndegas, saladas, sopas, farofas e até bolo! Dentro desse leque, você também encontra aqueles feijões mais leves, como o azuqui e o rosinha, que fermentam muito pouco e, por isso, são de fácil digestão.

Propriedades nutricionais e medicinais, quanto consumir e como preparar em oito perguntas e respostas

1. A proteína do feijão é de qualidade?

Se você é vegetariano de longa data, já sabe que assim que você anuncia seu vegetarianismo ou veganismo para um onívoro, ele sempre vai questionar suas fontes de proteínas. Se você está começando agora nessa estrada, habitue-se a isso e tenha a resposta pronta na ponta da língua: a proteína animal não é mais completa do que a proteína vegetal, e a principal fonte de proteína vegetal são as leguminosas, grupo alimentar dos feijões.

Segundo a nutricionista Ana Ceregatti, o teor de proteínas das leguminosas é o mais alto dentre todos os grupos de alimentos de origem vegetal. E o perfil de aminoácidos (a menor unidade de uma proteína) do feijão atende perfeitamente às necessidades do organismo quando combinado com um cereal. Isso porque, de maneira geral, o grupo dos feijões é pobre no aminoácido metionina, que está presente em boa quantidade no arroz, enquanto o aminoácido lisina é rico no feijão, mas não no arroz. Por isso, sempre coma o feijão com um tipo de cereal. A dupla arroz e feijão é a receita perfeita.

2. Por que os feijões são melhores do que a carne?

Porque eles fornecem carboidratos, gorduras protetoras (como as insaturadas), vitaminas, minerais (como cálcio, ferro e zinco) e fibras vegetais. As carnes, por sua vez, contêm zero de carboidratos e de fibras alimentares, além de fornecerem essencialmente gorduras saturadas que, em excesso e em desequilíbrio com as demais gorduras, podem levar ao desenvolvimento de várias doenças, como as cardiovasculares e a obesidade. Em outras palavras, um prato contendo apenas feijão estará muito mais equilibrado do ponto de vista nutricional do que um prato contendo apenas um pedaço de carne.

3. Quanto devo comer?

A nutricionista Ana Ceregatti é categórica em relação ao consumo de feijão: uma concha média (cerca de sete colheres de sopa) dele ou de qualquer leguminosa 365 dias por ano para garantir um bom teor de aminoácidos. Se você é um fã incondicional, pode comer duas conchas no almoço e duas no jantar, mas isso vai variar com as necessidades de cada um. Por isso, garanta no mínimo uma.

Ao contrário das carnes, os feijões reúnem proteína, fibras e antioxidantes que protegem a saúde

ARROZ E FEIJÃO NA MESA DO BRASILEIRO

Não existe uma data exata desse casamento perfeito. A dupla arroz e feijão, assim como muitos pratos típicos do Brasil, é o resultado da mistura de culturas gastronômicas que se deu por aqui entre índios, africanos e europeus depois da colonização portuguesa. O certo é que o arroz, que também era conhecido como milho d'água, tenha demorado um pouco mais para cair no gosto local, isso só foi acontecer no século 18.

Segundo o professor de História da Universidade de São Paulo Henrique Carneiro, no Brasil, desde as penetrações bandeirantes aos sertões, adotaram-se roçados de milho e feijão. Esses alimentos cresciam rapidamente e podiam ser transportados secos. "Todas as crônicas dos viajantes no Brasil colonial e imperial registram a importância do feijão em muitas misturas, com coco, com carnes e, mais comumente, só com sal e farinha", escreveu o docente em seu artigo Comida e Sociedade.

4. Como preparar?

Independentemente da receita que você for preparar com feijão, antes de cozinhá-lo é preciso deixá-lo de molho na água por, pelo menos, 8 horas e, no máximo, até 12 horas antes de cozinhar em água nova. Isso serve para reduzir o teor de fitato do grão.

Também chamado de ácido fítico, o fitato é um antinutriente presente nas leguminosas, mas que, quando consumido, se liga ao ferro, ao zinco, ao cálcio e ao magnésio, reduzindo a quantidade disponível desses minerais para absorção no intestino. Aliás, deixar o feijão de molho também evita os desagradáveis gases intestinais.

Além disso, deixar o feijão de molho diminui o tempo de cocção. E, antes de deixar de molho, não esqueça de lavar os grãos em água corrente e selecioná-los, para tirar possíveis intrusos.

5. Posso comer o mesmo feijão todos os dias?

O ideal é fazer um rodízio dos feijões, porque assim você obtém o que há de melhor em cada um deles. Por exemplo, o feijão-branco é o mais rico em ferro e oferece faseolamina, que diminui a absorção dos carboidratos, bom para quem quer perder peso, diz a nutricionista Fernandah Brener. Já o azuqui, de origem asiática, possui propriedades diuréticas e auxilia no controle da pressão arterial, além de ser de mais fácil digestão; enquanto o feijão-preto é rico em antocianina, um antioxidante que reduz o risco de certos tipos de câncer.

De modo geral, porém, as diferenças de minerais não são tão significativas. O importante é variar o consumo para ter um equilíbrio de ingestão de nutrientes.

6. Quais são os benefícios do feijão?

Além de ser uma boa fonte de proteína, quando comparado com a carne vermelha, em quantidades de mesmo valor calórico, o feijão tem o dobro do ferro encontrado na carne, afirma a nutricionista Fernandah Brener. Ele também é rico em carboidratos complexos, que são digeridos e absorvidos lentamente, ocasionando um aumento pequeno e gradual das taxas de glicose no sangue. Isso é muito positivo para o corpo. Sua abundância em fibras solúveis retarda o esvaziamento gástrico, promovendo maior sensação de saciedade. Estas fibras ainda diminuem a absorção de glicose e colesterol, agindo na prevenção de diabetes, doenças cardiovasculares, obesidade e câncer de cólon.

Os feijões também oferecem fitoquímicos, como fenóis e antocianinas, que possuem propriedades antioxidantes (que reforçam as defesas do corpo). Eles combatem o excesso de radicais livres e, assim, diminuem o risco de doenças crônicas. Além de todos estes benefícios, o grão é rico em vitaminas do complexo B, vitamina A, ácido fólico, ferro, cálcio, magnésio, fósforo, potássio, zinco e manganês.

7. Existem casos de contraindicações?

Algumas pessoas têm dificuldade em digerir o feijão, e acabam sofrendo com a formação de grande quantidade de gases e uma sensação de peso após as refeições. Nesse caso, o feijão-azuqui é uma boa opção, pois é o de melhor digestão entre os feijões.

Por ser rico em purinas, que quando metabolizadas geram ácido úrico, o consumo em excesso de feijão deve ser evitado por aqueles que possuem alterações nos níveis de ácido úrico no sangue e por quem sofre de insuficiência renal.

8. Qual tempero devo usar?

Para os clássicos preto e carioca, não tem erro: óleo de girassol, alho, cebola e folha de louro. Cominho também combina bem. Agora, se alho não é a sua praia, substitua-o por alho-poró, ensina Vinha De Ávila, da DaquiÓ, que também usa esse vegetal para temperar outros tipos de feijão, como o adocicado rosinha.

Esse feijão pode ser temperado com um refogado francês chamado *mirepoix*, feito com salsão, cenoura e alho-poró. "No nosso caso, optamos por refogar esses legumes por 3 a 4 horas para extrair disso o melhor caldo e então cozinhar o feijão rosinha nesse caldo de vegetais. Usamos alho-poró em vez de alho para manter a leveza desse tipo de feijão, mesmo depois de ele cozido", diz Vinha.

Já o feijão-rajado e o bolinha combinam com temperos mais picantes, que acentuam o sabor natural desses tipos de feijões. "Eu gosto de fazer um *mix* de pimentão verde, vermelho, amarelo e pimentas, como calabresa, caiena, pimenta-do-reino e pimenta-de-cheiro, para quem já gosta de coisas mais picantes. O feijão bolinha é mais aromático, então, usamos ervas." As combinações podem ser infinitas e você pode literalmente viajar com o feijão, pois alguns deles remetem a algumas regiões.

O fradinho, por exemplo, lembra muito a Bahia, pois é o feijão usado no preparo do acarajé e combina bastante com coentro – um tempero muito usado na culinária nordestina de modo geral. Se você odeia coentro, sem problemas, substitua-o por cheiro-verde (salsinha e cebolinha). O feijão-vermelho, por sua vez, é perfeito para preparar *chilis* mexicanos e casa muito bem com ervas, como tomilho, cheiro-verde e um pouco de cominho.

Lembre-se também de que nem sempre o feijão deve ter caldo. O feijão-manteiga tem um grão mais graúdo que fica muito bem servido como salada, como, por exemplo, vinagrete de feijão ou então na farofa. Como ele não rende muito caldo, capriche nos temperos e no azeite, recomenda Vinha. "Se for fazer vinagrete, não se esqueça de adicionar suco de limão. Fica muito bom", garante.

guia dos feijões

Existem mais de mil variedades de feijões no mundo, apesar de apenas dois serem mais consumidos pelos brasileiros. Conheça um pouco dessa variedade e explore esses sabores

Carioca

É a variedade mais consumida no Brasil. Seu nome foi atribuído em função das formas de onda existentes em sua casca, que lembram o calçadão da Praia de Copacabana. Apesar disso, ele aparece mais nos pratos dos paulistanos e dos mineiros.

O tempero clássico é alho, cebola e louro. Se quiser variar um pouco, experimente orégano, pimenta-do-reino, sálvia e manjerona. O orégano entra no final, enquanto a sálvia e a manjerona devem ser usadas com moderação. Esses temperos também podem ser usados para temperar o feijão-preto.

Preto

Mais popular no Rio de Janeiro e no Sul do País, o feijão-preto tem pouco destaque comercial no restante do Brasil. Cozido sem nenhum tempero e escorrido, pode ser usado no preparo de *brownies* de chocolate.

Azuqui

Originário da culinária asiática, ele é de fácil digestão e não costuma provocar gases. Germinado, pode ser usado para fazer tortas cruas ou para incrementar saladas. Combina bem com gengibre, mas se você quiser dar um toque mais sofisticado, aposte no *galangal*, também conhecido como gengibre tailandês. No caso dele, o sal pode ser substituído por *shoyu*.

Vermelho

Popular na culinária francesa, ele produz um caldo encorpado e é muito utilizado em sopas. Tempere com um refogado feito com salsão, cenoura e alho-poró.

Fradinho

Também conhecido como feijão-de-corda, ele é o feijão usado no preparo do acarajé, pois produz pouco caldo. Ótimo para fazer saladas, ele combina com coentro, cominho, orégano e gergelim tostado.

guia dos feijões

Branco

Mais comum em alguns Estados do Sul e do Sudeste, o feijão-branco tem caldo ralo e casca fina, o que faz com que seja muito utilizado em saladas e ensopados. Tempere apenas com sal e alecrim.

Moyashi

Também conhecido como feijão-mungu, ele é muito usado nos países asiáticos com fins medicinais. Assim como o azuqui, o *moyashi* é de fácil digestão e muito consumido na forma de broto, já que dessa maneira ele tem ação desintoxicante. Tempere apenas com sal, pois tem sabor bem delicado.

Jalo

Variedade mais consumida em Minas Gerais, ele tem grãos alongados e sabor levemente adocicado. Produz um caldo consistente e é muito utilizado em pratos típicos mineiros, como o tutu de feijão.

Bolinha

Com formato arredondado e cor verde-amarelada, ele é uma excelente fonte de proteína, possui consistência macia e é muito utilizado em sopas e saladas. Bastante aromático, combina bem com ervas finas.

Rosinha

O feijão-rosinha é de cozimento rápido, absorve muito bem os temperos, tem uma textura suave e confere às preparações um sabor adocicado e delicado. Também combina bem com o refogado feito com salsão, cenoura e alho-poró.

Rajado

Parecido com o feijão-carioca, mas com grãos mais graúdos e cor levemente rosada, essa variedade cozinha rapidamente e tem um sabor levemente adocicado e terroso. Com sua textura macia, rende um caldo muito saboroso e ainda nutritivo. Ótimo para fazer a receita de feijão-tropeiro.

Homus de feijão-fradinho

Ingredientes
- 2 xícaras de feijão-fradinho de molho de um dia para o outro
- 2 folhas de louro
- Suco de 1 limão
- 1 colher (sopa) de *tahine*
- 1 colher (chá) de cominho
- 2 colheres (chá) de sal
- 2 xícaras de água morna
- Azeite para finalizar

Modo de preparo
Na noite anterior ao preparo, deixe o feijão de molho na água dentro da geladeira (mínimo 8 horas). Na manhã seguinte, escorra a água do molho e cozinhe em uma nova água e panela aberta com as folhas de louro. Você vai perceber que uma espuma branca vai se formar durante o cozimento do feijão. Você pode retirá-la com uma espátula. Quando o feijão estiver cozido e bem molinho, desligue o fogo e descarte a água do cozimento assim como as folhas de louro. Coloque o feijão com o restante dos ingredientes no liquidificador e bata até formar um creme liso e homogêneo. Dependendo do seu liquidificador, pode ser que você precise de um pouco mais ou menos de água, por isso, vá acrescentando água morna aos poucos. Se necessário, você pode ajudar o liquidificador a bater com uma espátula. Sirva em um potinho de cerâmica. Finalize com cominho em pó e um fio de azeite para enfeitar.

Rendimento: 8 porções

Panqueca verde de feijão *moyashi*

Por *Chef Alice Cadina* | @alice.cadina

● simples ○ média ○ complexa

Ingredientes
- 2 xícaras de feijão *moyashi* de molho de um dia para o outro
- 1 colher (chá) de sal
- 1 colher (café) de cominho
- 2 colheres (sopa) de azeite
- 2 dentes de alho assado
- 1 xícara de água morna
- 4 colheres (sopa) de *homus* de feijão-fradinho (receita na página anterior)
- Azeite e flores para finalizar

Modo de preparo do molho
Na noite anterior ao preparo, deixe o feijão de molho (mínimo 8 horas) na água dentro da geladeira. Na manhã seguinte, escorra bem a água do molho e coloque os feijões crus no liquidificador com o restante dos ingredientes. Bata até formar um creme liso, com consistência de panqueca, não muito mole nem muito espesso. Os grãos do feijão devem ter sido completamente triturados. Dependendo do seu liquidificador, você pode precisar de um pouco mais ou menos de água, por isso, vá acrescentando água morna aos poucos. Aqueça uma frigideira antiaderente e coloque um fio de azeite. Com uma concha, despeje uma quantidade pequena da massa no centro da frigideira, até ela formar um disco de panqueca pequeno. Deixe dourar de um lado e com a ajuda de uma espátula, vire a panqueca e doure do outro lado. Repita o procedimento com o restante da massa.

Para montar a torre de panquecas, passe o *homus* de feijão-fradinho de um lado da panqueca e vá montando uma camada de panqueca e outra de *homus* de feijão-fradinho, até formar a torre. Finalize com azeite, cominho em pó e flores comestíveis (opcional).

Rendimento: 8 a 10 panquecas

Salsicha de feijão-branco

Ingredientes
- 250 g de feijão-branco de molho de um dia para o outro
- 2 folhas de louro
- ½ cebola branca picada em cubinhos
- 1 colher (chá) de alho triturado
- 1 colher (chá) de páprica defumada
- 1 colher (chá) de páprica picante
- 1 colher (chá) de orégano
- 1 pitada de cúrcuma
- 1 colher (chá) de sal
- Fumaça líquida
- 2 xícaras de farinha de mandioca fina
- Óleo de soja orgânico para fritar

Modo de preparo
Na noite anterior ao preparo, deixe os feijões de molho na água dentro da geladeira (mínimo 8 horas). Na manhã seguinte, escorra a água do molho e cozinhe os feijões em uma nova água e panela aberta com as folhas de louro. Quando o feijão estiver cozido e bem molinho, desligue o fogo e descarte a água do cozimento assim como as folhas de louro. Processe o feijão no liquidificador com o sal e 1 xícara de água morna. Vá adicionando a água aos poucos, a quantidade necessária deve ser o suficiente para o liquidificador bater o feijão até formar uma pasta cremosa, consistente, lisa e homogênea. Reserve. Em uma frigideira, doure a cebola e o alho. Quando a cebola começar a ficar translúcida, acrescente as pápricas, o orégano, a cúrcuma e 10 jatos de fumaça líquida. Despeje a massa de feijão na frigideira até ela incorporar os temperos. Desligue o fogo e acrescente a farinha de mandioca aos poucos, mexendo com a mão, até formar uma massa consistente e que não gruda na mão. Dependendo da quantidade de água que você utilizou para processar o feijão, você vai precisar de mais ou menos farinha de mandioca para a massa. Modele a massa em formato de salsicha e leve ao óleo bem quente para fritar sob imersão até a salsicha dourar. Retire as salsichas do óleo quente e deixe escorrer. Sirva como *hot dog* conforme sua preferência. Como sugestão, para um *hot dog* mexicano, monte o sanduíche com guacamole, farofinha de *nachos* e *ketchup*, de preferência caseiro.

Rendimento: cerca de 7 salsichas de 100 g cada

Bolinho de feijoada com couve crocrante

Por Chef Alice Cadina | @alice_cadina

Ingredientes do bolinho
- 2 xícaras de feijoada vegana
- 1 colher (chá) de sal
- 1½ xícara de farinha de mandioca
- 1 maço de couve picadinha refogada no alho
- 2 salsichas de feijão-branco fatiadas (receita na página anterior)
- Óleo de soja orgânico para fritar

Ingredientes para empanar
- 1 colher (sopa) amido de milho
- 3 colheres (sopa) de farinha de trigo
- 6 colheres (sopa) de água • Farinha *panko*

Ingredientes para a couve
- 5 folhas de couve higienizadas e picadas finamente
- Óleo de soja orgânico para fritar

Modo de preparo da couve crocante
Em uma frigideira, aqueça bem o óleo e frite a couve. Ela vai levantar fervura e depois baixar. Quando as folhas de couve boiarem, está no ponto para retirar com uma escumadeira. Reserve.

Modo de preparo do bolinho
Reserve dois potinhos com os ingredientes para empanar. Em um deles, misture o amido de milho com a farinha de trigo e a água, e, em outro, coloque a farinha *panko*. Em um liquidificador, coloque 2 xícaras de feijoada vegana já pronta, junto com o sal e processe até virar um creme espesso e homogêneo. Despeje o creme em uma tigela e acrescente a farinha de mandioca, mexendo com as mãos até todo o creme da feijoada incorporar na farinha e formar uma massa que não gruda nas mãos. Divida a massa em 14 partes iguais (cerca de 50 g). Faça uma bolinha com a massa e abra na mão com um furo no meio. Recheie com a couve refogada e 1 fatia de salsicha de feijão-branco. Feche os bolinhos. Se necessário, molhe um pouco as mãos para que a massa tenha maior aderência durante o fechamento. Lambuze os bolinhos no potinho com a mistura de amido de milho, farinha e água, e, por fim, empane com a farinha *panko*. Frite no óleo bem quente sob imersão até dourarem. Finalize com a couve crocante por cima.

Rendimento: 14 bolinhos

Cassoulet de feijão-branco

Ingredientes
- 1 cenoura média cortada em cubos
- ½ alho-poró médio fatiado
- 1 pimentão vermelho cortado em cubos
- 2 xícaras de feijão-branco cozido
- 1 xícara de molho de tomate
- 1 ramo pequeno de aipo
- ½ cebola branca cortada em cubos
- 1 colher (chá) de orégano
- 1 colher (chá) de páprica defumada
- 1 colher (café) de cúrcuma
- 1 pitada de pimenta-do-reino
- 1 colher (chá) de sal
- 4 pedaços de *funghi* seco picados
- ¼ de maço de folhas de espinafre

Modo de preparo
Na noite anterior ao preparo deixe os feijões de molho na água dentro da geladeira (mínimo 8 horas). Na manhã seguinte, escorra a água do molho e cozinhe os feijões em uma nova água e panela aberta com as folhas de louro e o *funghi* seco. Quando o feijão estiver cozido *al dente*, desligue o fogo e descarte as folhas de louro. Separe o feijão da água do cozimento. Reserve a água e o feijão com os pedaços de *funghi*. Em uma panela, doure a cebola com o alho-poró e o aipo. Acrescente os temperos secos: páprica defumada, cúrcuma, orégano e pimenta-do-reino. Mexa bem até os temperos incorporarem no refogado e adicione o pimentão. Em seguida, adicione a cenoura, 1 xícara da água do cozimento do feijão, o molho de tomate e o sal. Tampe a panela e deixe cozinhar por 5 minutos. Adicione o feijão já cozido e tampe a panela. Deixe cozinhar por aproximadamente 15 minutos, até a cenoura estar *al dente* e o molho cremoso. Desligue o fogo e adicione as folhas de espinafre. Sirva em uma tigela de cerâmica com fatias de pão de fermentação natural ou arroz branco para acompanhar.

Rendimento: 4 porções

Sopa de feijão-vermelho com canela

Por Chef Alice Cadina | @alice_cadina

○ simples ● média ○ complexa

Ingredientes

- 2 xícaras de feijão-vermelho de molho de um dia para o outro
- 2 folhas de louro
- 3 xícaras de água morna do cozimento do feijão
- 1 xícara de molho de tomate orgânico
- 1 colher (sobremesa) de canela em pó
- 1 colher (café) de cúrcuma em pó
- 1 colher (chá) de cominho em pó
- 1 colher (chá) de orégano
- 1 colher (chá) de sal
- 1 colher (sopa) de alho
- 1 cebola pequena cortada em cubinhos
- Azeite para refogar

Modo de preparo

Na noite anterior ao preparo, deixe os feijões de molho na água dentro da geladeira (mínimo 8 horas). Na manhã seguinte, escorra a água do molho e cozinhe os feijões em uma nova água com as folhas de louro e a panela aberta. Você vai perceber que uma espuma branca vai se formar durante o cozimento do feijão. Você pode retirá-la com uma espátula. Quando o feijão estiver cozido, desligue o fogo e descarte as folhas de louro.

Em uma panela, doure o alho no azeite em fogo baixo e em seguida acrescente a cebola. Quando ela estiver translúcida, acrescente os temperos secos: orégano, cúrcuma, cominho e canela em pó. Mexa bem e adicione o molho de tomate orgânico. Misture tudo até o tempero incorporar no molho e adicione o feijão cozido com a água do cozimento e o sal. Deixe cozinhar por cerca de 10 minutos com a panela tampada em fogo baixo. Desligue o fogo e processe o feijão bem temperado no liquidificador até formar um creme em consistência de sopa. Se precisar, ajuste o sal. Sirva em um *bowl* de cerâmica com torradas para acompanhar ou *croutons*.

Rendimento: 4 porções

Croquete de feijão

Ingredientes
- 200 g de feijão-preto cozido
- 100 g de inhame
- 2 colheres (sopa) de polvilho azedo
- Cominho a gosto
- Salsinha a gosto
- ¼ de xícara de cebola picada
- 1 colher (sopa) de alho picado
- 4 colheres (sopa) de azeite
- Sal a gosto
- Farinha de linhaça marrom para empanar

Preparo
No processador, coloque todos os ingredientes até formar uma massa homogênea. Forme os croquetes e enrole na farinha de linhaça. Coloque em uma assadeira untada com azeite. Leve ao forno preaquecido a 200 °C até ficar firme e crocante.

Rendimento: 10 unidades

Panqueca de feijão *moyashi* com creme de castanhas

Ingredientes para a massa
- ½ xícara de grãos de feijão *moyashi*
- ¼ de xícara de água filtrada
- 1 pitada de sal
- Especiarias em pó: cúrcuma, sementes de cominho ou coentro
- 1 colher (café) de bicarbonato de sódio
- 1 fio de azeite de oliva ou óleo de coco

Ingredientes para o recheio
- 1 xícara de castanha-de-caju
- ¼ de xícara de água filtrada
- Pitada de sal
- 2 pimentões (amarelo e vermelho)
- *Curry* em pó a gosto
- Especiarias como sementes de zimbro, nigela e pimenta rosa

Modo de preparo da massa
Deixe os grãos de molho em água fria filtrada por 12 horas. Escorra e enxague em água corrente. Bata todos os ingredientes no liquidificador acrescentando água aos poucos. Unte uma frigideira antiaderente com azeite ou óleo de coco, aqueça, derrame uma concha da massa e deixe fritar por 3 minutos até soltar do fundo. Vire de lado e deixe cozinhar por mais 2 minutos.

Modo de preparo do recheio
Bata as castanhas com água filtrada e 1 pitada de sal no liquidificador ou processador. Reserve. Lave os pimentões e coloque sobre a chama do fogão até a casca ficar preta. Vire o vegetal até que toda a casca fique preta. Pegue com uma pinça de inox ou madeira e descasque com as mãos embaixo da água. Em uma tábua, abra os pimentões, remova as sementes e corte em lascas compridas. Deixe escorrer por alguns minutos em uma peneira. Misture com azeite de oliva e acrescente as especiarias.

Rendimento: 2 a 3 unidades

Feijão-azuqui com abóbora

Ingredientes
- 1 xícara de abóbora cortada em cubos
- 2 xícaras de caldo de legumes
- 1 folha média de alga *kombu*
- 1 xícara de feijão-azuqui deixado de molho na água por 12 horas
- 1 fatia de gengibre
- 2 colheres (sopa) de molho *shoyu* sem glutamato monossódico
- ½ colher (chá) de sal marinho
- Cebolinha picada, semente de girassol e linhaça para finalizar

Preparo
Coloque o feijão, a alga, o gengibre em uma panela, cubra com caldo de legumes e cozinhe em fogo baixo, sem tampar a panela, até que a água fique escura. Durante o cozimento, acrescente mais água, se necessário. Quando o líquido estiver quase preto, adicione a abóbora e deixe a panela coberta pela metade até a abóbora ficar macia e o feijão, tenro. Acrescente o *shoyu*, o sal e misture. Prove, se precisar, corrija o sabor. Finalize com salsinha sobre as porções e sirva quente.

Rendimento: 6 porções

Bolinhos de azuqui e cará

Ingredientes
- 1 xícara de feijão-azuqui cozido
- 1 xícara de cará ralado
- 1 xícara de farinha de mandioca
- 1 colher (sopa) de azeite de dendê
- Óleo de girassol para fritar
- 2 colheres (sopa) de gergelim branco
- 1 colher (café) de pimenta-do-reino branca moída
- 1 colher (café) de aipo em pó
- 1 pitada de louro em pó
- Sal marinho a gosto

Preparo
Misture o azuqui, o cará, a farinha, o dendê e os temperos amassando bem. Forme bolinhas, role-as no gergelim e frite até dourar.

Rendimento: 30 bolinhos

Baião de dois

Ingredientes
- 1 cebola ralada
- 1 dente de alho amassado
- 1 linguiça vegetal cortada em rodelas (opcional)
- 3 colheres (sopa) de óleo
- 2½ xícaras de arroz lavado e escorrido
- 1 ½ litro de caldo de legumes
- 4 xícaras (chá) de feijão-fradinho
- Sal a gosto
- 1½ xícara (chá) de tofu cortado em pequenos cubos cozido (cerca de 150 g do tipo chinês, que é mais consistente)
- ½ colher (sopa) de coentro picado
- Azeite de oliva extravirgem a gosto

Preparo
Refogue a cebola, o alho e a linguiça no óleo. Retire a linguiça e reserve. Acrescente o arroz. Refogue. Mexa. Acrescente o caldo de legumes e o feijão-fradinho. Corrija o sal. Deixe cozinhar. Desligue o fogo quando secar. Acrescente o tofu. Mexa levemente. Tampe a panela e espere alguns instantes. Ao servir, salpique por cima o coentro e adicione um fio de azeite.

Rendimento: 6 porções

Feijoada

Ingredientes
- 3 xícaras (chá) de feijão-preto
- 2 folhas de louro
- 1½ xícara de tofu defumado (150 g)
- 4 xícaras de proteína vegetal texturizada (PVT) grossa hidratada
- Sal marinho a gosto
- 1 cebola média picada
- 6 dentes de alho amassados
- 2 colheres (sopa) de óleo de milho
- 1 linguiça vegetal em rodelas
- 1 salsicha vegetal em cortes transversais
- Presunto vegetal em fatias a gosto
- ½ xícara de carne vegetal em lascas
- 3 xícaras de cogumelos *shimeji*

Preparo
Cozinhe o feijão com as folhas de louro, metade do tofu defumado em pedaços, PVT e com um pouco de sal. Refogue o alho e a cebola no óleo até ficarem ligeiramente dourados. Acrescente o feijão já cozido. Adicione os outros ingredientes, com exceção dos cogumelos. Deixe ferver, acrescentando um pouco de água, quando necessário para engrossar o caldo. Corrija o sal. Acrescente os cogumelos. Mexa bem. Sirva acompanhada de arroz branco, couve à mineira, farinha de mandioca, lascas de tofu defumado frito e gomos de laranja-pera.

Rendimento: 4 porções

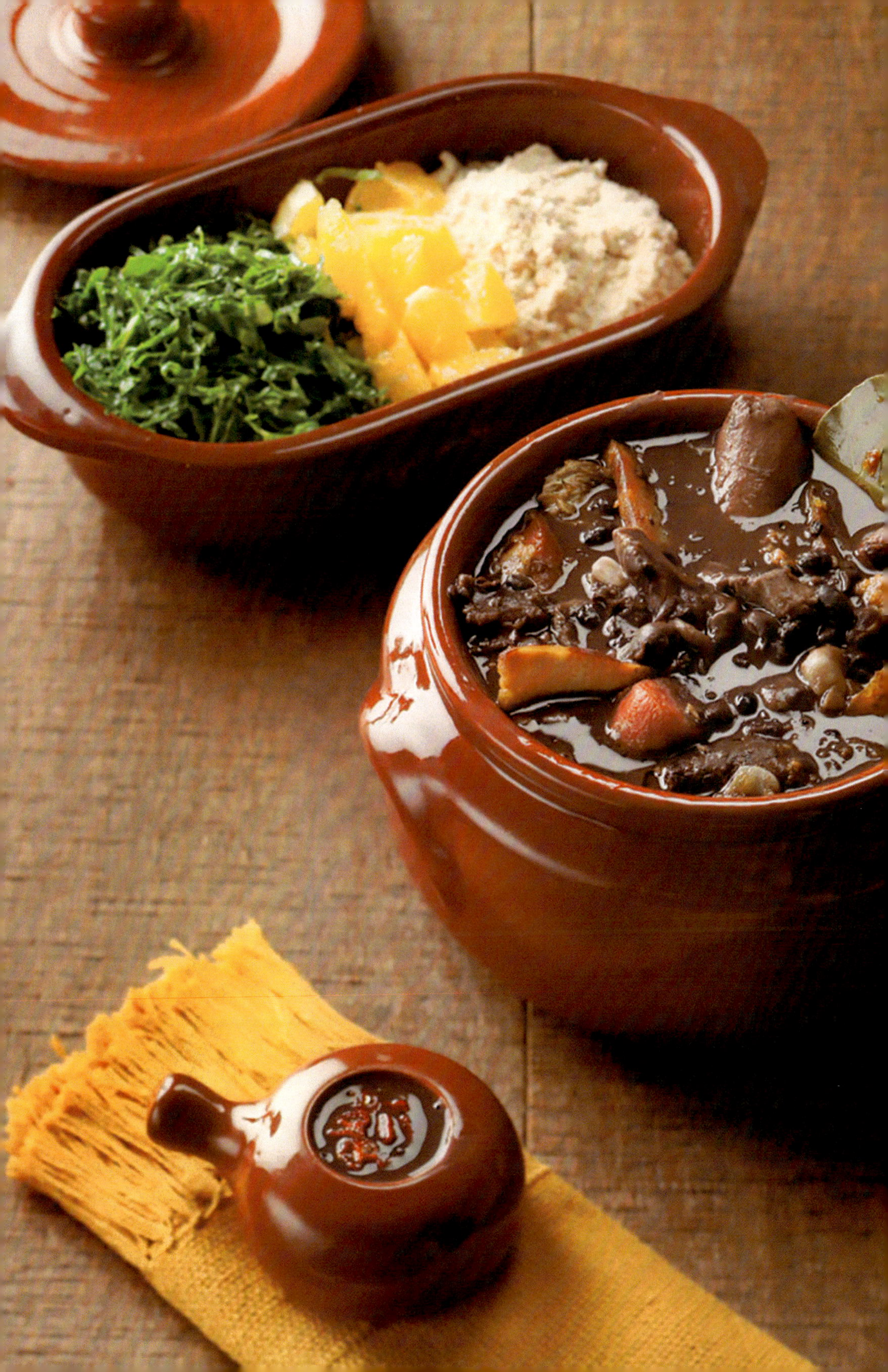

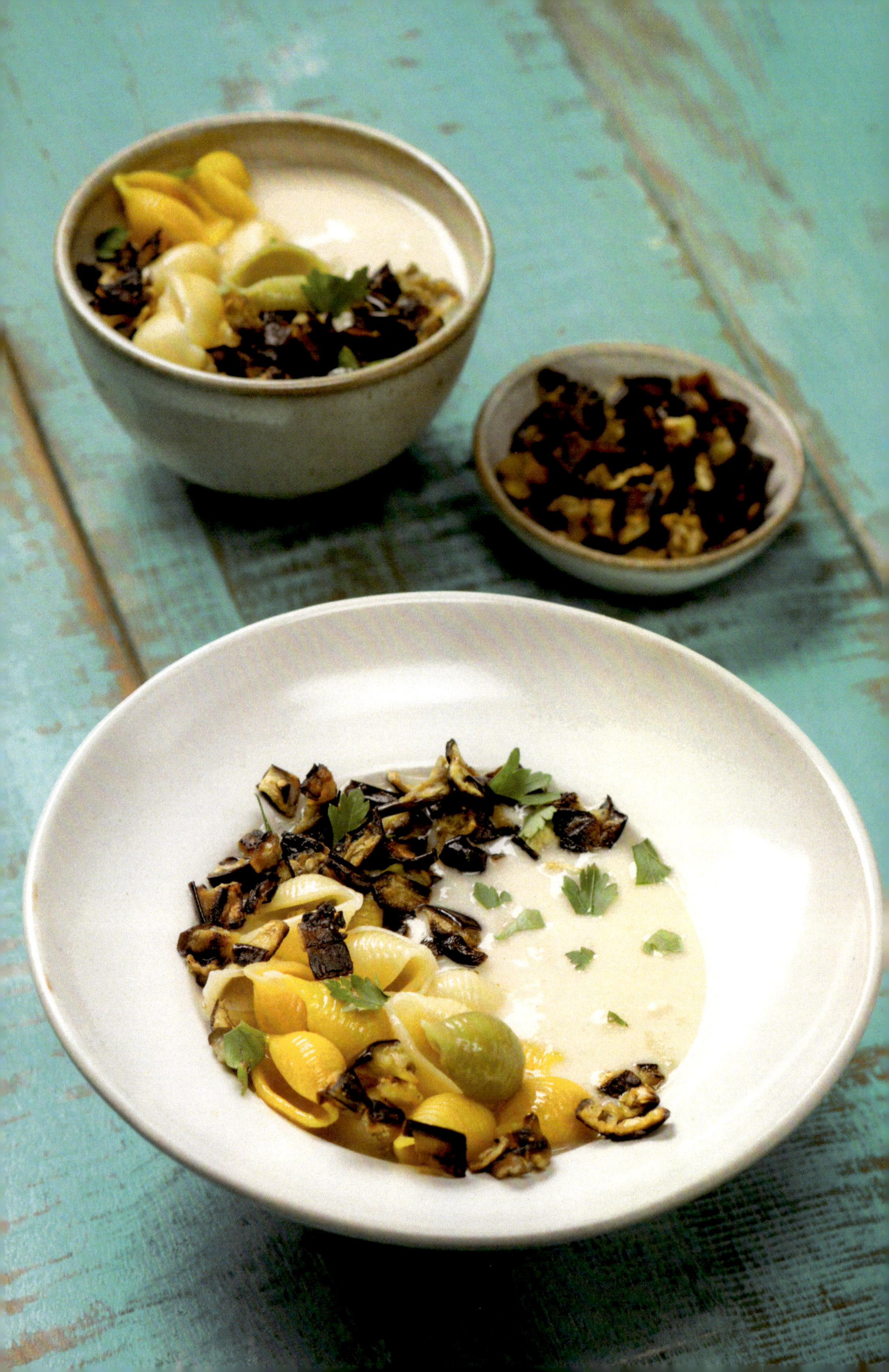

Conchiglione em caldo de feijão-branco e *tahine* com berinjela tostada

Por *Chef* Suzan Zacchi | @suzanzacchi

Ingredientes do caldo
- 200 g de feijão-branco deixado de molho por 8 horas
- 1 colher (sobremesa) de sal
- 3 colheres (sopa) de *tahine*
- 1 colher (sopa) de *zattar*

Ingredientes da berinjela
- 1 berinjela grande cortada em pequenos cubos com a casca
- 1 colher (sopa) de *zattar*
- 5 colheres (sopa) de azeite
- 1 colher (chá) de sal

Preparo
Para fazer o molho, leve o feijão demolhado para a panela de pressão, cubra com água deixando três dedos de água acima do nível do feijão na panela. Cozinhe na pressão por 30 minutos. Quando estiver cozido, adicione o *tahine* e o *zattar*, mexendo com uma colher de pau. Como na foto, o objetivo é preparar um caldo grosso, mas com alguns pedaços de feijão inteiros. Reserve. Para a berinjela, preaqueça o forno a 200 °C. Misture a berinjela com todos os outros ingredientes e asse por 30 minutos ou até ficar bem tostada. Cozinhe 400 g da massa como descrito na embalagem, escorra, cubra-a com o caldo de feijão quente e coloque a berinjela crocante por cima.

Rendimento: 4 porções

Tostadas

Ingredientes para a pasta de feijão
- 1 xícara de feijão-preto cozido • ¼ de xícara de caldo do feijão
- 1 colher (sopa) de cebola picada • 2 dentes de alho picados
- 1 colher (sopa) de pimentão vermelho picado
- Salsinha, pimenta dedo-de-moça, sal marinho e coentro a gosto

Preparo da pasta de feijão
Em uma panela, coloque o azeite e refogue a cebola, o alho picado e o pimentão vermelho até dourar. Adicione o feijão-preto e o caldo, cozinhe por alguns minutos. Amasse levemente o feijão e tempere a gosto.

Ingredientes para o *sour cream*
- ½ xícara de macadâmia de molho em água por 8 horas
- 1 limão espremido • ¼ de xícara de azeite de oliva
- Sal marinho e pimenta-do-reino a gosto

Preparo do *sour cream* de macadâmia
Em um liquidificador, coloque todos os ingredientes e bata até obter uma mistura cremosa e homogênea. Reserve.

Ingrediente para champinhom salteado
- 200 g de champinhom fatiados • 1 colher (sopa) de cebola picada
- 2 dentes de alho picados • Azeite de oliva para refogar
- Salsinha, cebolinha, pimenta dedo-de-moça a gosto
- Páprica defumada a gosto • ¼ de xícara de vinho branco

Preparo do champinhom salteado
Em uma frigideira, refogue o azeite, a cebola e o alho. Adicione os cogumelos e deixe cozinhar por alguns minutos. Flambe com o vinho branco e tempere a gosto. Finalize com a páprica defumada. Reserve.

Ingredientes das *tostadas*
- *Tortillas* de milho • Pasta de feijão • *Sour cream*
- Cogumelo champinhom salteado • Brotos de coentro

Montagem das *tostadas*
Em uma frigideira, coloque as *tortillas* de milho e deixe dourar dos dois lados. Retire quando estiverem levemente douradas. Coloque a pasta de feijão, o *sour cream* de macadâmia e os cogumelos. Finalize com brotos de coentro e sirva em seguida.

Rendimento: 10 porções

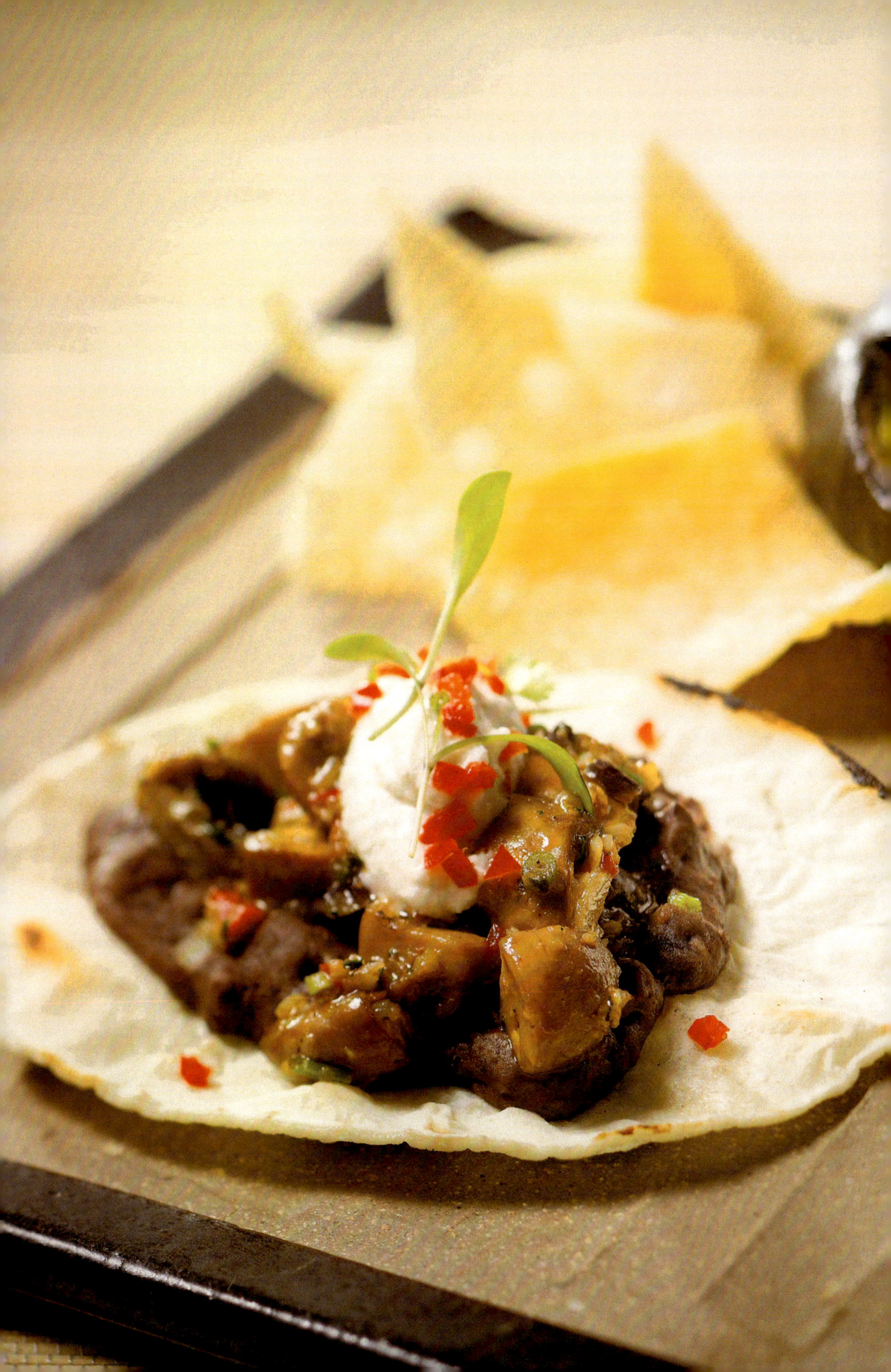

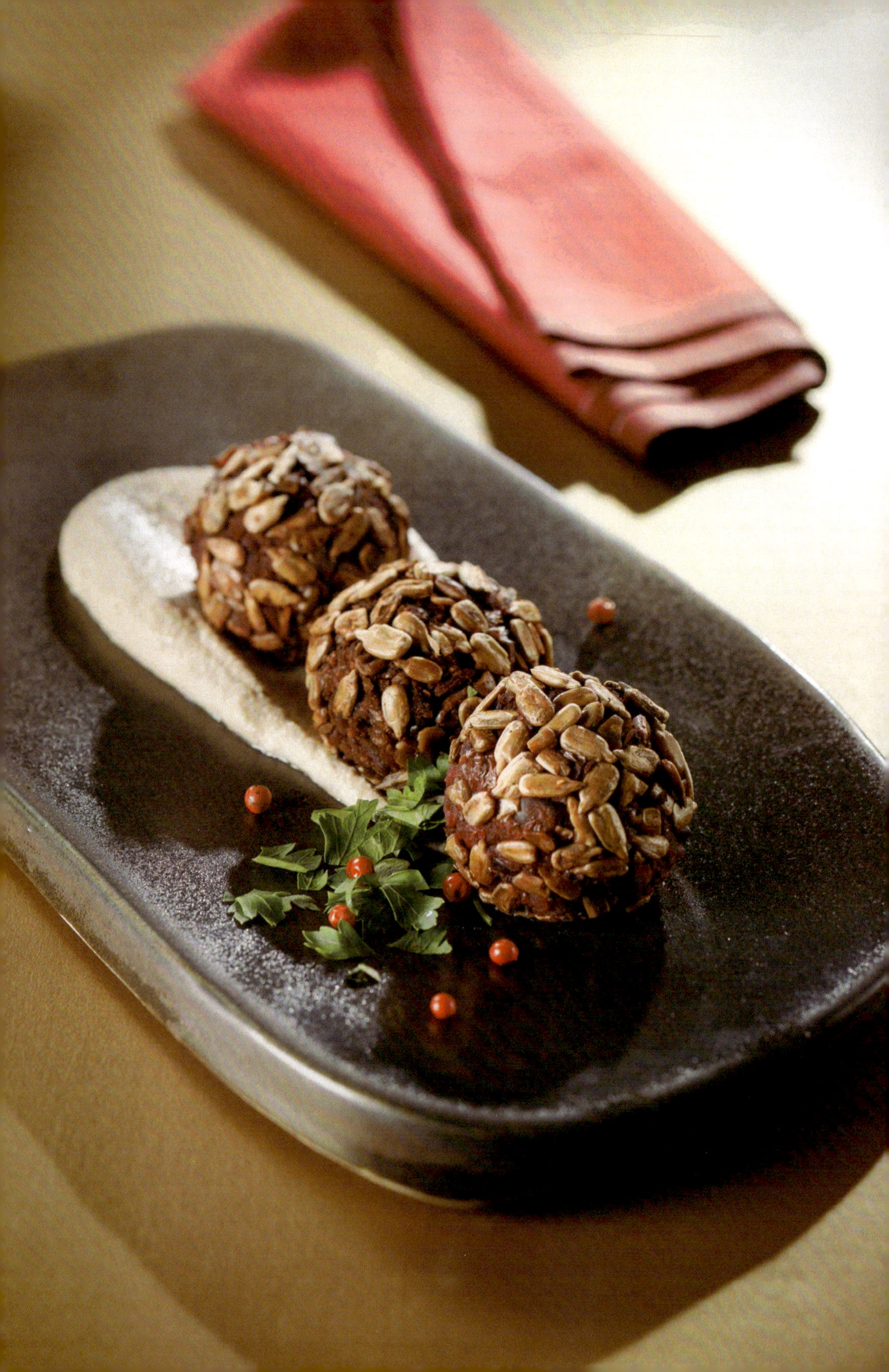

Beetballs

Ingredientes
- 3 beterrabas grandes descascadas
- 2 cebolas roxas picadas
- 3 colheres (sopa) de vinagre de vinho tinto
- 2 colheres (sopa) de azeite
- 1 xícara de feijão cozido
- 1 xícara de arroz integral cozido
- ½ maço de salsa
- Sementes de girassol a gosto
- Sal e pimenta-do-reino a gosto

Preparo
Rale as beterrabas. Em uma frigideira grande e em fogo médio, adicione o azeite e refogue as cebolas picadas por cerca de 6 ou 8 minutos, ou até que fiquem translúcidas. Adicione a beterraba e o sal e misture. Tampe e cozinhe por 12 minutos. Despeje o vinagre, misture e raspe o fundo da frigideira com uma colher de pau. Reserve e deixe esfriar. Em uma tigela, amasse grosseiramente o feijão cozido. Junte a mistura de beterraba, o arroz cozido, a salsa picada e a pimenta-do-reino. Acerte o sal e modele em bolinhas. Toste as sementes de girassol e empane as almôndegas. Leve ao forno a 200 °C por 20 minutos. Sirva com creme de castanha-de-caju e salsa picada.

Rendimento: 6 porções

Risoto Brasileirinho

Por Chef Ellen Vitorino | @ellen_vitorino

○ simples ● média ○ complexa

Ingredientes
- 4 xícaras de caldo de vegetais
- 2 colheres de sopa de azeite de oliva
- 1 cebola média picada
- 1 dente de alho picado
- 1 xícara de arroz arbóreo sem lavar
- 2 colheres (sopa) de aguardente (opcional)
- 1 pimentão vermelho picado
- 1 xícara de feijão-preto cozido
- ¼ de xícara de coentro
- Couve à Juliana ao alho e óleo para guarnição

Preparo
Leve o caldo de legumes ao fogo até levantar fervura. Reduza o fogo. Em uma panela, coloque o azeite e leve ao fogo. Acrescente a cebola e o alho. Refogue-os mexendo sempre. Adicione o arroz, refogando-o até que fique brilhante. Adicione a aguardente e misture bem. Acrescente o pimentão e o feijão. Misture bem. Adicione o caldo de legumes aos poucos (uma concha por vez), mexendo sempre até que todo o caldo seja incorporado. Corrija o sal. Retire do fogo, adicione o coentro, misture, tampe e reserve por 5 minutos antes de servir. Sirva acompanhado com couve refogada.

Rendimento: 4 porções

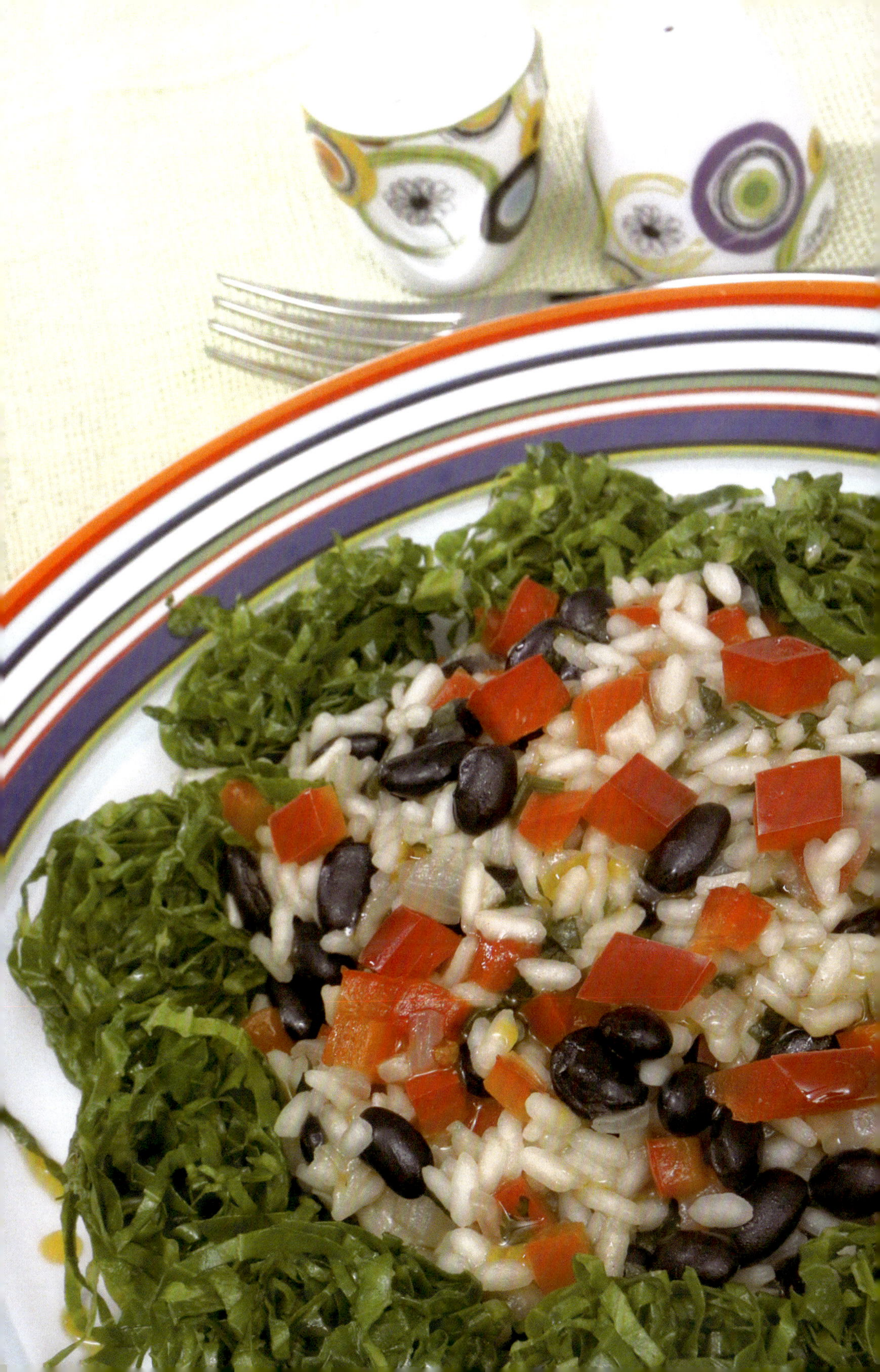